GEORGE WASHINGTON

Una biografía ilustrada con fotografías

Texto: T. M. Usel
Traducción: Dr. Martín Luis Guzmán Ferrer
Revisión de la traducción: María Rebeca Cartes

Consultora de la traducción:
Dra. Isabel Schon, Directora
Centro para el Estudio de Libros
Infantiles y Juveniles en Español
California State University-San Marcos

Bridgestone Books
an imprint of Capstone Press
Mankato, Minnesota

Datos sobre George Washington
- George Washington fue el primer presidente de los Estados Unidos.
- Él diseñó la ciudad de Washington, D.C., el edificio del Capitolio y la Casa Blanca.
- Su rostro está en la moneda de 25 centavos y el billete de un dólar.
- Él liberó a sus esclavos en su testamento.

Bridgestone Books are published by Capstone Press
818 North Willow Street, Mankato, Minnesota 56001 • http://www.capstone-press.com
Copyright © 1999 by Capstone Press. All rights reserved.
No part of this book may be reproduced without written permission from the publisher.
The publisher takes no responsibility for the use of any of the materials
or methods described in this book, nor for the products thereof.
Printed in the United States of America.

Library of Congress Cataloging-in-Publication Data
Usel, T. M.
    [George Washington, a photo-illustrated biography. Spanish]
    George Washington, una biografía ilustrada con fotografías / de T. M. Usel; traducción de Martín
Luis Guzmán Ferrer.
    p. cm.—(Leer y descubrir. Biografías ilustradas con fotografías)
    Includes bibliographical references (p. 24) and index.
    Summary: Simple Spanish text presents the life story of the first president of the United States.
    ISBN 1-56065-805-3
    1. Washington, George, 1732-1799—Juvenile literature. 2. Washington, George, 1732-1799—Pictorial
works—Juvenile literature. 3. Presidents—United States—Biography—Juvenile literature. 4. Presidents—United
States—Biography—Pictorial works—Juvenile literature. [1.Washington, George, 1732-1799. 2. Presidents. 3.
Spanish language materials.] I. Title. II. Series.
E312.66.U8418   1999
973.4'1'092—dc21
[b]
                                                                98-19958
                                                                  CIP
                                                                   AC

Editorial Credits
Martha E. Hillman, translation project manager; Timothy Halldin, cover designer
Historical Consultant
Steve Potts, Professor of History
Photo Credits
Archive Photos, 4, 6, 8, 10, 12, 14, 16, 18, 20
Ed Carlin, cover

Contenido

El Padre de la Patria

George Washington fue el primer presidente de los Estados Unidos. Se le conoce como el Padre de la Patria de su país.

Él es uno de los norteamericanos más respetados. Washington, D.C., y el estado de Washington llevan su nombre. Su rostro está labrado en la Montaña Rushmore. También aparece en los sellos postales, la moneda de 25 centavos y el billete de un dólar.

A George se le venera por su liderazgo, valor y honradez. No hay prueba que, en realidad, él haya cortado un cerezo y luego haya reconocido su culpa con su padre. Pero esta leyenda sirve para ilustrar la honradez de George.

George fue un gran líder militar. Él llevó a sus soldados a la victoria en la Guerra Revolucionaria. Después de la guerra, él encabezó una nueva nación: los Estados Unidos de América.

El rostro de George Washington aparece en el billete de un dólar.

Infancia

George nació en el Condado de Westmoreland, en la Colonia de Virginia. Nació el 11 de febrero de 1732. Veinte años después, el calendario cambió. Así su cumpleaños pasó al 22 de febrero.

George vivió con su familia en la Granja Ferry. La granja estaba junto al Río Rappahannock, al otro lado de Fredericksburg, Virginia. Su padre, Augustine, cultivaba tabaco. No era un hombre rico, pero ganaba lo suficiente para mantener a su familia.

Cuando George tenía 11 años, su padre murió. Durante los siguientes nueve años, el hermano mayor de George, Lawrence, fue como un padre para él. Lawrence murió de tuberculosis en 1752. George quedó muy triste.

George Washington nace en el condado de Westmoreland en Virginia.

La Guerra Revolucionaria

Después del fin de la guerra entre Francia y la Gran Bretaña, los ingleses pusieron impuestos muy altos a los productos que entraban a las colonias. El gobierno inglés necesitaba el dinero de esos impuestos para pagar la guerra.

En 1773, los colonos muy enojados arrojaron un cargamento de té inglés al Puerto de Boston. Este hecho se conoce como La Fiesta de Té de Boston. Los colonos estaban muy enojados porque se les obligaba a pagar impuestos a un gobierno que no les preguntaba su opinión.

La situación en las colonias fue de mal en peor. En 1775, los colonos decidieron luchar por su independencia de la Gran Bretaña. Ese fue el principio de la Guerra Revolucionaria.

En 1774, George fue como delegado al Congreso Continental. Los miembros de este Congreso colaboraron para formar un ejército y escribir la Declaración de Independencia.

Los enojados colonos arrojan un cargamento de té al Puerto de Boston.

El Ejército Continental

George encabezó al Ejército Continental contra los ingleses. El ejército estaba formado por soldados y otras personas. La mayoría no tenía preparación ni uniformes.

Muchos de los hombres de este ejército eran granjeros, comerciantes y otros trabajadores. No les gustaba dejar sus casas. Todo el tiempo se quejaban. Los soldados los llamaban "caras largas."

Los soldados podían entrar al ejército y servir sólo unos meses. Cuando habían cumplido su tiempo, podían dejar los campos de batalla e irse a casa. Algunas veces hasta mil soldados dejaban el ejército. De ahí que George tuviera muchos problemas para planear sus batallas.

George y sus hombres ganaron algunas batallas. Pero muchas veces el Ejército Continental perdió. Y es que no tenían suficientes hombres y armas.

George Washington encabeza el Ejército Continental durante la Guerra Revolucionaria.

Valley Forge

Los ingleses lograron capturar Filadelfia durante el invierno de 1777-1778. El Ejército Continental no tenía suficientes pertrechos para atacar. George condujo a sus tropas a Valley Forge. Esta era una colina a 32 kilómetros (20 millas) de la ciudad.

Ahí esperaron a que les llegaran comida y armas. Hacía un frío terrible. Cientos de soldados tenían que marchar descalzos en la nieve. No tenían botas. Muchos perdieron dedos de los pies y las manos, pues se les congelaban. Muchos soldados murieron.

George sabía que su pequeño ejército no podía ganarle a los poderosos ingleses. Benjamín Franklin secretamente fue enviado a pedir ayuda a Francia. Los franceses mandaron pertrechos y tropas.

El Ejército Continental nunca dejó de luchar. En 1781, los ingleses se rindieron a las tropas de George en Yorktown, Virginia. La guerra había terminado. Un tratado de paz se firmó dos años después.

Las tropas de George derrotan a los ingleses en Yorktown.

El primer presidente

George se retiró del ejército en 1783 y regresó a su casa en Mount Vernon. Pero, cuatro años después volvió a la vida pública.

George encabezó la Convención Constitucional y ayudó a escribir la Constitución. Este proyecto de democracia era el primero de su tipo en el mundo. La Constitución establecía que la gente debería gobernarse por sí misma, y protegía sus libertades.

En 1789, George fue electo el primer presidente de los Estados Unidos. George tenía 57 años cuando tomó el juramento de su cargo.

Al fin de su período de cuatro años, George quiso retirarse. Pero, el pueblo quería que fuera candidato a la presidencia otra vez. Él estuvo de acuerdo con la reelección. Al término de su segundo período, se le pidió que se presentara por tercera vez. George dijo que no.

George toma el juramento de la presidencia en la ciudad de Nueva York.

Un gran líder

Como presidente, George organizó el gobierno y tomó decisiones muy importantes. Aunque nunca llegó a vivir ahí, George diseñó la Casa Blanca y la ciudad capital de Washington, D.C.

En su discurso de despedida, George les dijo a los norteamericanos que evitaran la guerra con otros países. Luego regresó a Mount Vernon. Tenía 65 años.

Un día frío y lluvioso, George salió a caballo a su paseo diario en Mount Vernon. Al día siguiente tenía dolor de garganta.

George enfermó. Murió el 14 de diciembre de 1799. Los Estados Unidos habían perdido a su primer gran líder.

En su discurso de despedida, George les dijo a los norteamericanos que evitaran la guerra con otros países.

Palabras de George Washington

"Observad buena voluntad y justicia hacia todas las naciones. Cultivad la paz y la armonía con todos."

Del discurso de despedida de Washington
19 de septiembre de 1796.

"Levántate temprano, que por hábito se convierta en una costumbre agradable, sana y redituable. Puede que resulte, por un rato, molesto llevarlo a cabo, pero esto desaparecerá; y su práctica producirá para siempre una rica cosecha, sea en los caminos públicos o privados de la vida."

De una carta de Washington a Washington Parke Custis, nieto de Martha y a quién ambos criaron como hijo, 1797.

Fechas en la vida de George Washington

1732—Nace en el condado de Westmoreland, Virginia

1754—Ingresa al ejército durante la guerra entre Francia y la Gran Bretaña

1758—Electo a la Cámara de Burgueses de Virginia

1759—Contrae matrimonio con Martha Dandridge Custis

1775—Empieza la Guerra Revolucionaria, es comandante en jefe

1776—Declaración de Independencia

1777—Invierno en Valley Forge

1781—Derrota al General Cornwallis en Yorktown

1787—Preside la Convención Constitucional

1789—Electo primer presidente de los Estados Unidos

1792—Reelecto Presidente

1797—Deja el cargo después de rechazar un tercer período

1799—Muere en Mount Vernon

Conoce las palabras

colonia—grupo de gente que se instala en tierras lejanas, pero permanece bajo el dominio de su país natal. Las 13 colonias británicas de América del Norte se convirtieron en los primeros Estados Unidos.

Constitución—documento que es la ley fundamental de los Estados Unidos

pertrechos—armas, comida y otros materiales almacenados para usarse cuando son requeridos

topógrafo—persona que se dedica a medir las tierras

tuberculosis—enfermedad contagiosa que afecta principalmente los pulmones

Más lecturas

Collins, Mary. *Mount Vernon.* Cornerstones of Freedom. New York: Children's Press, 1998.

Welsbacher, Anne. *George Washington.* United States Presidents. Edina, Minn.: Abdo and Daughters, 1998.

Direcciones útiles

Mount Vernon Ladies' Association
Post Office Box 110
Mount Vernon, VA 22121

Sons of the American Revolution
1000 South Fourth Street
Louisville, KY 40203

Society of the Descendants of Washington's Army at Valley Forge
Post Office Box 915
Valley Forge, PA 19482

Washington National Monument Association
740 Jackson Place NW
Washington, DC 20503

Índice